J'apprends

le rugby

Textes d'Aymeric Jeanson
Illustrations de Laurent Audouin

milan

L'inscription

Tu as décidé de jouer au rugby cette année ? Aujourd'hui, c'est l'inscription : maman t'accompagne au **club-house**. Elle complète des fiches pour recevoir un petit papier, ta **licence**.

Ça y est, tu fais partie de l'école de rugby.
Louis, l'**entraîneur**, t'explique que
ton entraînement aura lieu tous les mercredis.

Le premier jour

Le premier mercredi, papa t'emmène au **stade**.
Louis est déjà sur le terrain, il termine l'**entraînement** des plus grands. Chouette, c'est bientôt ton tour !

Louis regroupe tous les **joueurs** de ton **équipe** et fait les présentations. Vous avez tous le même âge, et jusqu'à 13 ans les filles et les garçons sont mélangés.

Louis a préparé tout le **matériel** nécessaire pour l'entraînement. Waouh !

Le vestiaire

Avant de t'entraîner, tu peux mettre ta **tenue** dans le **vestiaire**. Au rugby, il faut être bien équipé pour ne pas se faire mal.

les **chaussures à crampons**

Le conseil du coach

Lorsque vient l'hiver, voici quelques astuces pour ne pas avoir froid sur le terrain : mets un tee-shirt sous ton maillot ; garde un pull ou un sweat pendant les ateliers ; enfile un cycliste long ou court sous ton short.

Le terrain

Le terrain de rugby est immense, environ 100 mètres de long ! C'est un grand rectangle, le plus souvent recouvert d'herbe, divisé en deux **camps**. De chaque côté se trouvent les **poteaux**, sur la ligne d'en-but : c'est derrière cette ligne qu'il faut marquer l'essai.

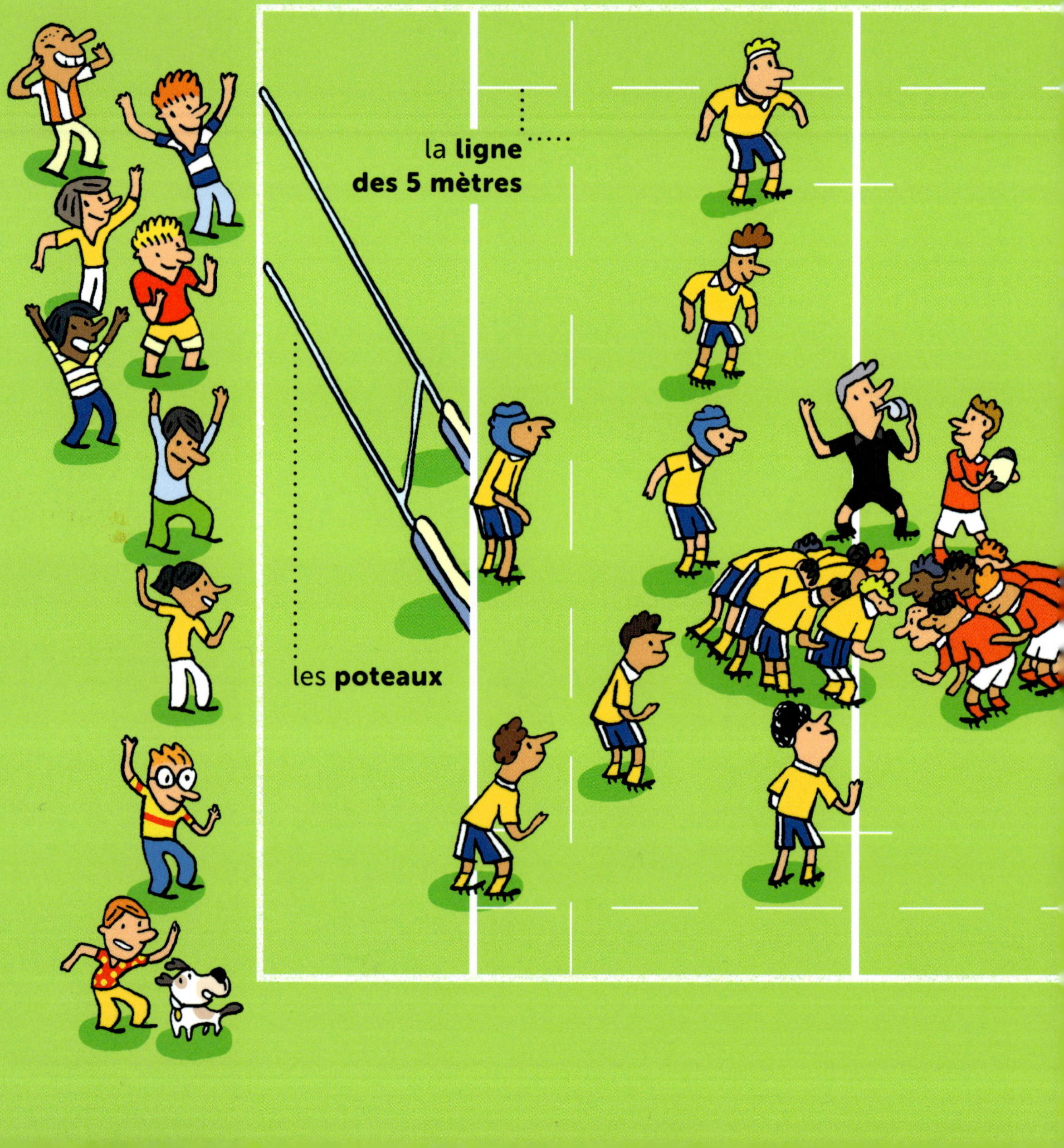

À ton âge, on joue sur une partie seulement du terrain, ouf !

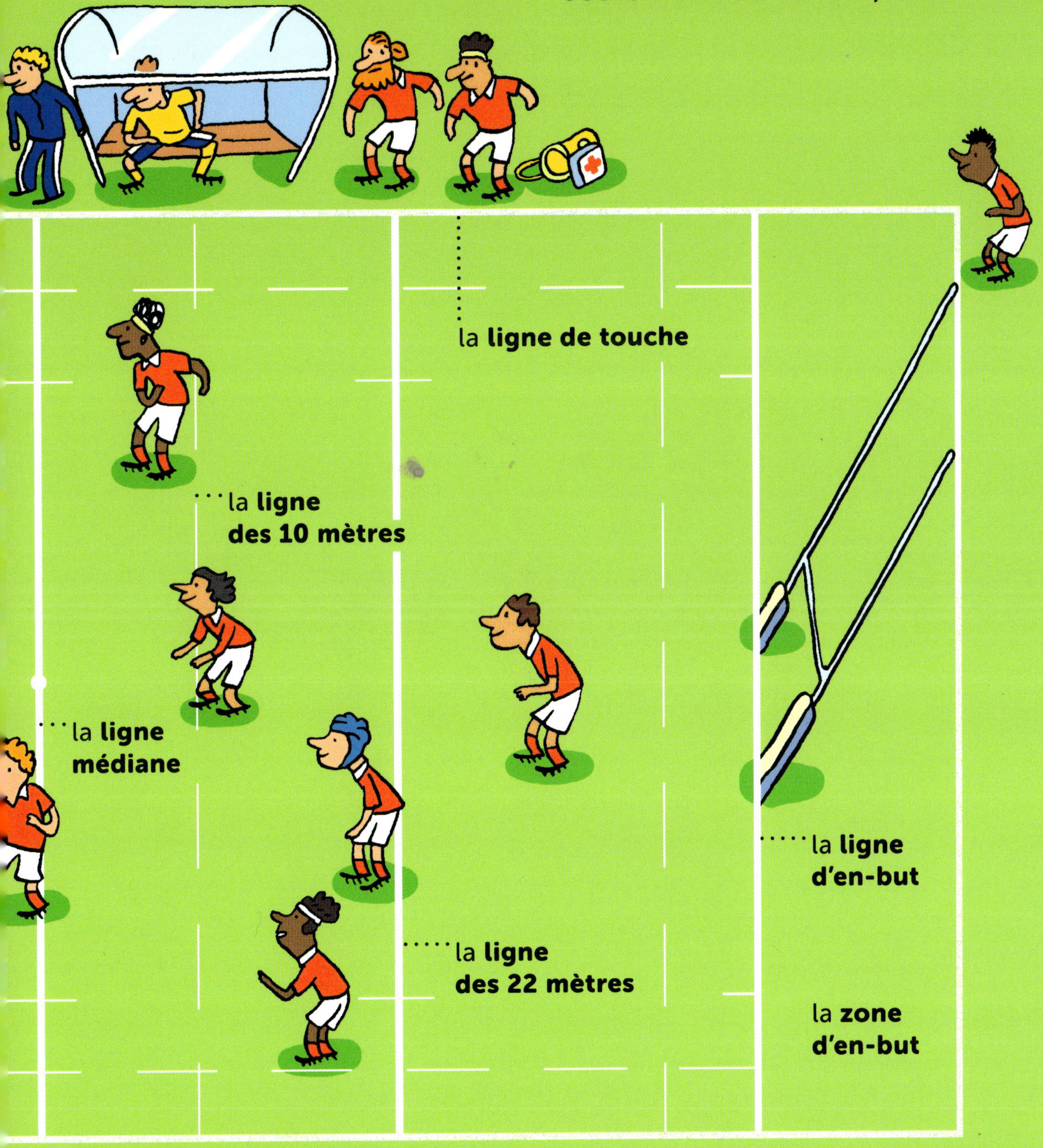

Les bases du jeu

L'objectif est de marquer plus de **points** que l'équipe adverse en posant le ballon derrière la ligne d'en-but : c'est ce qu'on appelle « marquer un **essai** ».

Pour aller marquer, les joueurs se font des **passes** à la main. Mais, au rugby, on ne peut s'envoyer la balle que vers l'arrière !

Tu peux aussi frapper
la balle au **pied**, vers l'avant,
pour aller plus vite.

Si un joueur envoie le ballon en avant avec la main, l'arbitre demande une **mêlée**. Chaque équipe pousse le plus fort possible pour gagner le ballon (sans le toucher avec les mains !). Mais attention : pour participer à une mêlée, il faut avoir au moins 12 ans.

Comment gagner un match ?

On peut **marquer des points** de 4 façons :

L'**essai** rapporte 5 points. Pour marquer un essai, il faut « aplatir » le ballon dans l'en-but adverse (c'est-à-dire le poser au sol en appuyant dessus).

On a le droit, après avoir marqué un essai, de tenter une **transformation** : c'est un coup de pied qui fait gagner 2 points de plus si le ballon passe au-dessus de la barre, entre les poteaux.

Le **drop** rapporte 3 points : il faut laisser tomber le ballon au sol et le taper aussitôt avec le pied pour l'envoyer entre les deux poteaux adverses, au-dessus de la barre.

La **pénalité** rapporte 3 points aussi. On peut tenter une pénalité quand l'arbitre siffle une faute contre l'adversaire. On tire avec le pied aussi, mais cette fois-ci le ballon est posé au sol.

À ton âge, on ne marque pas de points avec le pied. Il faut marquer des **essais** pour gagner !

Chacun son rôle !

Il existe différentes manières de jouer au rugby : à 5, 7, 10, 13 ou 15 joueurs. Mais le jeu le plus répandu est le **rugby à 15**, avec 8 joueurs à l'**avant** et 7 à l'**arrière**.

Les **arrières** doivent aller marquer les essais. Ils sont en général rapides, pour contourner ou traverser l'équipe adverse.

Les **avants** sont en général costauds : ils doivent récupérer le ballon pour le passer aux arrières.

La défense

Pour empêcher que l'équipe adverse ne marque un essai, il faut **stopper** le joueur qui porte le ballon et récupérer celui-ci.

Plaquer un joueur, c'est le faire tomber pour l'obliger à lâcher le ballon. Attention, seul le joueur porteur du ballon peut être plaqué !

On peut aussi défendre en « glissant », c'est-à-dire en **poussant** le joueur adverse vers la **ligne de touche** pour le faire sortir du terrain.

Si le porteur du ballon met le **pied** sur la ligne de touche ou la dépasse, le ballon est donné à l'équipe adverse.

L'arbitre

Pendant le match, l'arbitre est chargé de faire respecter les **règles**. Les joueurs ne doivent pas contester ses décisions, indiquées par des coups de **sifflet**.

Il ne porte pas le même **maillot** que les joueurs.

Seuls les **capitaines** ont le droit de lui parler, en l'appelant « monsieur l'arbitre » et en le vouvoyant.

L'arbitre assure aussi la **sécurité** des joueurs. **Carton jaune** ! Le joueur de l'équipe rouge a commis une faute sur le joueur de l'équipe jaune. Le coupable doit quitter le terrain pendant 10 minutes sans être remplacé.

Et, si la faute se répète ou qu'elle est très grave, c'est **carton rouge** : il ne reviendra pas.

Le conseil du coach

Tu vois souvent une haie d'honneur à la fin des matchs à la télévision ? Ça fait partie des principes du rugby : même si on a perdu ou si on est en colère, serrer la main de ses adversaires et de l'arbitre est une bonne façon de se souvenir que le rugby reste un jeu !

L'échauffement

L'échauffement est une étape obligatoire avant de commencer à jouer : il faut **préparer les muscles** de ton corps à faire du sport.

L'entraîneur te demande de **trottiner** le long de la ligne, puis entre les plots, pour préparer tes jambes.

Clément prend le temps d'**assouplir** son bassin et ses articulations, les chevilles et les genoux.

Baptiste fait **tourner** sa tête dans un sens, puis dans l'autre, pour échauffer son cou.

Pour les bras, il faut que Raphaëlle échauffe ses poignets et fasse des **moulinets**.

Ça y est, ton corps est **chaud**, tu peux jouer !

Les ateliers

D'abord, l'entraîneur va t'apprendre à **manier le ballon** : l'attraper et l'envoyer, taper un coup de pied, protéger le ballon quand tu tombes au sol...

Tu vas aussi apprendre à **jouer en équipe**, à faire des **plaquages** en toute sécurité, et à bien te positionner sur le terrain par rapport à tes coéquipiers.

Ensuite, place au **match**. L'entraîneur va séparer ton groupe en deux équipes : les rouges et les jaunes ! C'est le moment de t'amuser en montrant tout ce que tu as appris.

Le conseil du coach

Quand tu as fini l'entraînement, prends du temps pour t'étirer les cuisses et les mollets : appuie-toi sur la barrière avec tes mains, une jambe tendue, l'autre fléchie. Puis étire ton autre jambe. Comme ça, tu auras moins de courbatures !

La passe

La passe peut être **courte** si ton coéquipier est près de toi, ou bien longue. Plus ta passe est **longue**, plus elle doit être « tendue » (c'est-à-dire rapide), pour éviter que l'adversaire ne l'attrape.

Figure 1
Tes coéquipiers se placent en **escalier** autour de toi.

Figure 2
Mets tes mains de **chaque côté** du ballon pour qu'il ne t'échappe pas des mains.

Souviens-toi, tu ne peux faire des passes
que vers l'**arrière**.

Figure 3
Envoie le ballon vers le **coéquipier**
que tu as choisi.

Le plaquage

Pour arrêter le **porteur du ballon**, tu dois réaliser un plaquage.

Figure 1
Baisse-toi pour présenter ton épaule au niveau de la taille de ton adversaire.

Figure 2
Place ta tête contre sa hanche, **entoure-le** fermement avec tes deux bras au niveau de la ceinture ou des jambes.

Tu verras, n'importe quel joueur tombe
si on lui serre **les deux jambes**.
Même le plus costaud !

Figure 3
Laisse-toi tomber sur le sol
sans le relâcher.

Les coups de pied

Si plusieurs joueurs de l'équipe adverse sont face à toi, tu peux **taper un coup de pied** dans le ballon pour essayer de l'envoyer derrière eux.

Figure 1
Repère dans quelle direction tu veux taper et place tes épaules dans cette direction.

Figure 2
Laisse tomber le ballon devant toi.

Figure 3
Frappe le ballon sur la pointe avant qu'il ne touche le sol.

Le conseil du coach

Si un de tes coéquipiers tape un coup de pied, tu dois te trouver derrière lui. Sinon tu es hors jeu. En revanche, dès que le joueur qui a tapé dans le ballon te dépassera, tu ne seras plus hors jeu !

Ton premier match

Ça y est, on est samedi, tu vas **jouer** ton premier vrai match ! Pour les adultes, un match dure 80 minutes, c'est long et fatigant. Les enfants, eux, disputent des matchs de 30 minutes environ.

Le stade est divisé en plusieurs **terrains** plus petits grâce à des **plots**. Plusieurs matchs peuvent se dérouler en même temps, et les équipes pourront jouer plus souvent. On appelle ça un **plateau**.

À la fin de l'après-midi, tout le monde se regroupe pour le **goûter**. Vivement le prochain plateau !

Métier : joueur de rugby

Jouer au rugby peut devenir un métier. Le joueur **travaille** pour un club qui fait partie d'un **championnat professionnel**. En France, les 14 meilleurs clubs jouent dans un championnat, le **Top 14**.

Les meilleurs joueurs français peuvent être choisis pour jouer en **équipe de France** lors des matchs internationaux, contre les équipes des autres pays.

Et, tous les 4 ans, les 20 meilleures équipes de la planète se retrouvent pour la **Coupe du monde**.

Chez les **femmes**, le rugby professionnel est très rare. Mais les équipes nationales se rencontrent lors du **tournoi des 6 Nations féminin** ou de la Coupe du monde féminine.

Les meilleurs

Certains joueurs de rugby deviennent **célèbres** parce qu'ils sont très forts. Ils aident leur équipe à gagner les matchs et ils marquent beaucoup de points.

Le demi de mêlée français **Antoine Dupont** a été élu meilleur joueur du monde de rugby en 2021. Capitaine de l'équipe de France, il peut aussi jouer au poste de demi d'ouverture.

Charlotte Caslick, capitaine de l'équipe d'Australie féminine de rugby à 7, a remporté le circuit mondial et la Coupe du monde en 2022. Elle a été élue meilleure joueuse du monde de rugby à 7.

En Nouvelle-Zélande, le rugby est très important : presque tous les enfants y jouent. Son équipe, les **All Blacks**, a gagné 3 fois la Coupe du monde. Et l'équipe féminine, les **Black Ferns**, l'a remportée 6 fois en 9 éditions.

Le conseil du coach

Pas besoin de devenir un joueur professionnel pour s'amuser au rugby. Le plus important, c'est de faire du mieux que tu peux !

mes docs SPORT

Découvre tous les titres de la collection

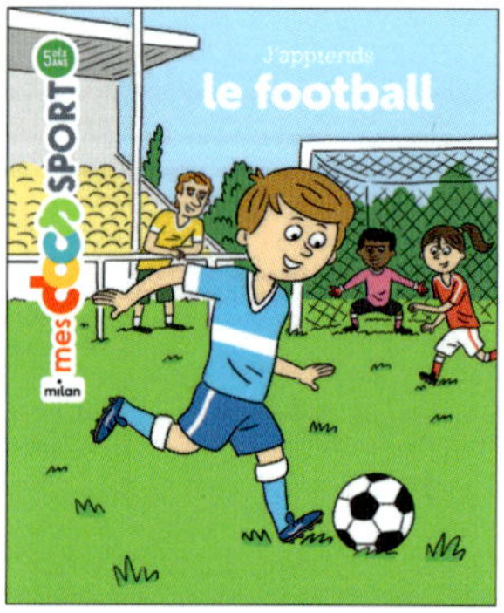

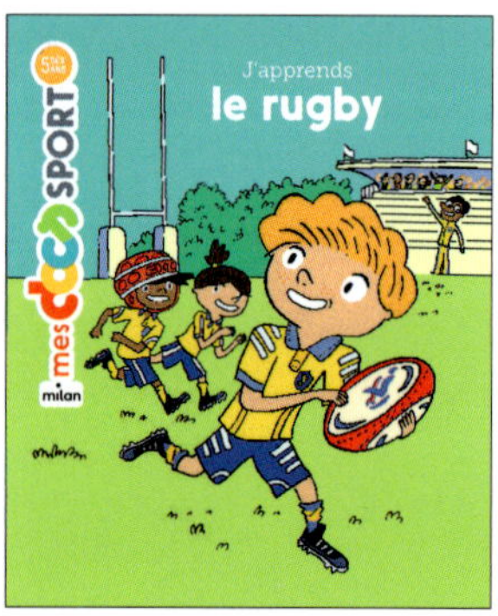